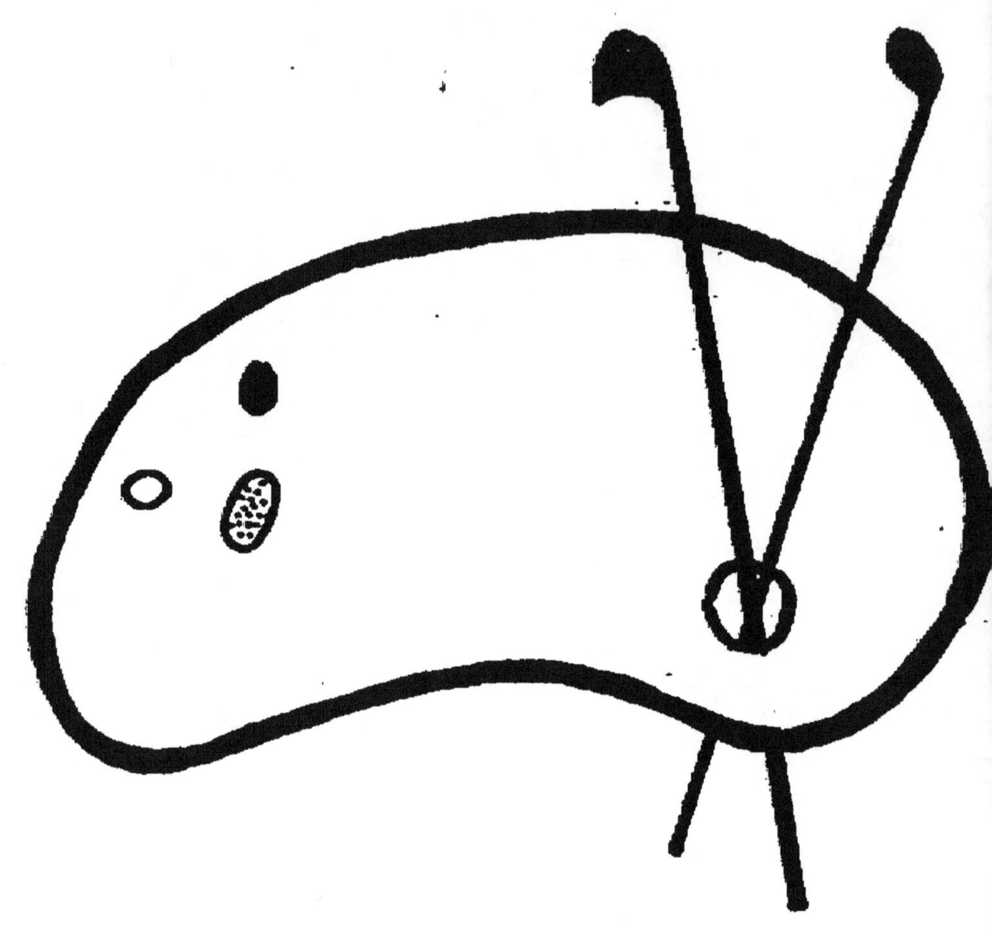

FIN D'UNE SERIE DE DOCUMENTS
EN COULEUR

Couverture inférieure manquante

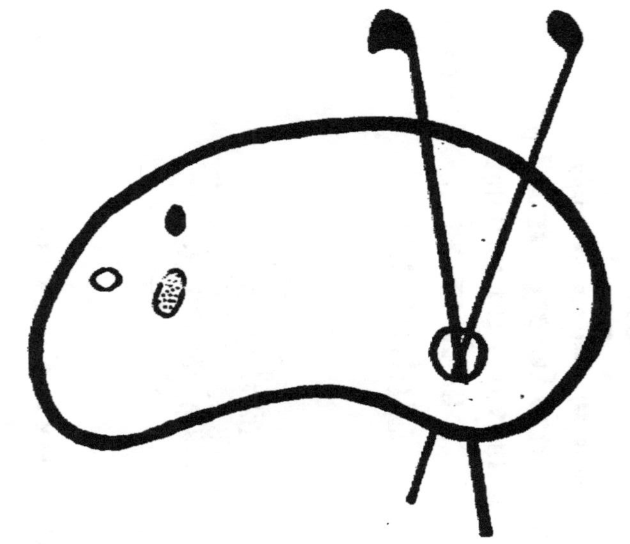

DEBUT D'UNE SERIE DE DOCUMENTS
EN COULEUR

Edmond **MAIGNIEN**

Conservateur de la Bibliothèque de Grenoble.

Bibliothèque Historique du Dauphiné

L'INGÉNIEUR MILITAIRE

BOURCET

ET SA FAMILLE

AVEC GRAVURE ET PORTRAIT INÉDITS

GRENOBLE

Xavier **DREVET**, éditeur

LIBRAIRE DE L'ACADÉMIE

14, rue Lafayette, 14

Succursale à Uriage-les-Bains.

1890

L'INGÉNIEUR MILITAIRE

BOURCET

ET SA FAMILLE

LE LIEUTENANT-GÉNÉRAL PIERRE BOURCET

D'après le tableau de L.-F. Lecamus, au musée de Grenoble.
Gravure communiquée par M. Albert de Rochas.

Edmond MAIGNIEN

Conservateur de la Bibliothèque de Grenoble.

Bibliothèque Historique du Dauphiné

L'INGÉNIEUR MILITAIRE

BOURCET

ET SA FAMILLE

AVEC GRAVURE ET PORTRAIT INÉDITS

GRENOBLE

Xavier **DREVET**, éditeur

LIBRAIRE DE L'ACADÉMIE

14, rue Lafayette, 14

Succursale à Uriage-les-Bains.

1890

Publication du Journal *Le Dauphiné*.

L'INGÉNIEUR MILITAIRE

BOURCET

ET SA FAMILLE

La famille Bourcet, originaire de la vallée de Pragelas, a été illustrée par Pierre Bourcet, ingénieur militaire du plus haut mérite et a produit des militaires d'une grande distinction.

Pour connaître l'origine de cette famille, qui s'est rendue particulièrement célèbre sous les règnes de Louis XIII, Louis XIV et Louis XV, nous avons consulté les registres de la paroisse de St-Pierre-d'Usseaux, où cette famille résidait de temps immémorial, les protocoles des notaires et les registres paroissiaux de la ville de Grenoble, ainsi qu'une notice manuscrite inédite, rédigée en 1818 par le comte Pierre-Jean de Bourcet, dont nous devons la communication à l'extrême obligeance de Mme C. Ponson de Champlagarde, petite-fille de l'auteur.

I. — Pierre Bourcet, ainsi qu'il est dit au cadastre du comté d'Usseaux, eut pour fils, en 1550, Michelon

Bourcet ; à cette époque, la famille Bourcet était protestante (1)

II. — Michelon Bourcet fit cadastrer ses biens en 1613, il eut trois fils :
Jean, Daniel et Pierre, qui possédaient 80 livres de cadastre.

III. — Pierre Bourcet, l'un des fils de Michelon, s'illustra dans les guerres de son temps. En 1629, il dirigea la marche des troupes de Louis XIII dans l'attaque et la prise des barricades du Pas-de-Suze, qui eurent lieu le 6 mars de cette année. Satisfait des services de Pierre Bourcet, le roi le nomma capitaine et lui fit don d'un drapeau blanc enrichi de deux fleurs de lis, de deux dauphins couronnés et des lettres initiales du cri de contentement : *Vive Vive capitaine Pierre Bourcet* (2).
Le capitaine Bourcet eut trois fils, Pierre, Etienne et Michelon, second du nom.

---

(1) Ce qui vient à l'appui de cette opinion est la déclaration faite au premier registre des actes paroissiaux de 1667, par Antoine Poncet, curé d'Usseaux, qui dit qu'à son arrivée dans cette paroisse, il n'y avait qu'un seul catholique.

(2) Le dessin que nous en donnons à la page suivante est reproduit sur un cuivre plein qui a dû être gravé à Naples et a pu servir de plaque pour reliure. Ce drapeau fut remis par J.-P. de Bourcet, le 8 juillet 1815, au roi Louis XVIII, avant son départ pour la Belgique. (Voir p. 9.)

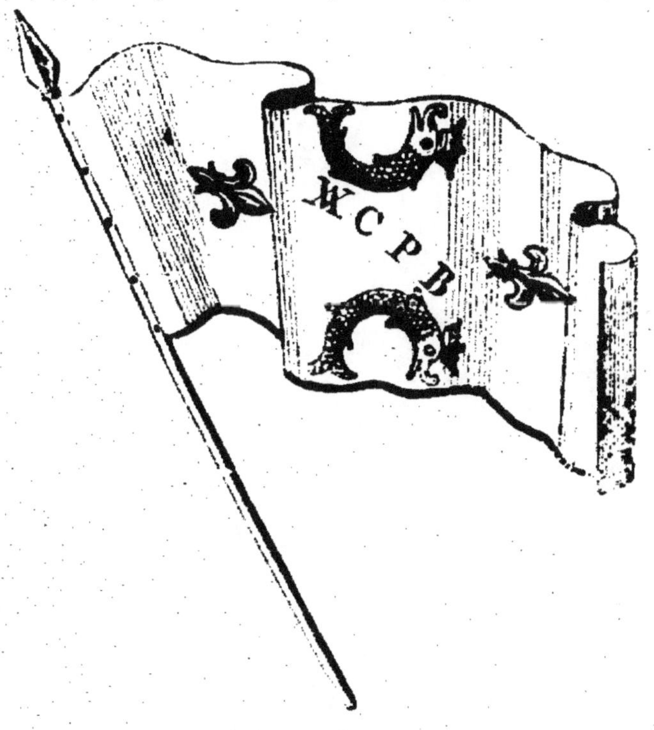

**DRAPEAU OFFERT PAR LE ROI LOUIS XIII
A PIERRE BOURCET**

BRANCHES COLLATÉRALES.

Jean et Daniel Bourcet, fils de Michelon, ainsi que Pierre et Etienne, fils du capitaine Pierre Bourcet, l'un des fils de Michelon, eurent postérité. Eux et leurs enfants, par suite des guerres de religion, se répandirent dans les montagnes du Piémont, du Dauphiné, de la Suisse, de l'Allemagne, de l'Alsace, de la Lorraine. De nombreux rejetons de l'une de ces branches habitaient la Lorraine.

Michel de Bourcet, propriétaire à Montmédy en 1815, laisse six enfants :

1° Bruno-Joseph, officier en retraite à Metz, 1815 ;

2° Mathieu, blessé à Marengo ;

3° Jean-François-Martin, tué à Leipzig ;

4° Guillaume-Etienne, capitaine de cavalerie, mort le 27 novembre 1847 ;

5° Joseph-Hospice, mort en Afrique le 11 février 1839 (1);

6° Michel, lieutenant, mort le 16 août 1852.

Trois de Bourcet, cousins germains de Bruno-Joseph, ont été tués en Espagne, dans les guerres de l'Empire ; l'aîné, Bernard, chevalier de la Légion d'honneur, chef de bataillon au 94°, fut tué en 1811.

---

(1) Bruno, Guillaume et Joseph, sont qualifiés petits-neveux de feu M. de Bourcet, lieutenant général des armées du roi, ci-devant l'un des commandants de la province de Dauphiné, dans un certificat délivré à la famille Bourcet par le chevalier Duhattoy, 10 décembre 1815. Voyez : *Etats de service de M. P. de Bourcet. Metz, Verronnais,* 1855, in-8°, p. 13.

C'est aussi d'une de ces branches collatérales qu'est issu Jean-Baptiste de Bourcet, officier au corps du génie, décédé à Briançon le 9 octobre 1807, laissant après lui deux filles.

Le colonel Jean de Bourcet, ingénieur en chef à Pondichéry, marié et mort dans cette ville des Indes, est également issu d'une de ces branches collatérales. Peut-être la lettre très flatteuse écrite à Voltaire, de Pondichéry, le 1er février 1776, est elle de notre colonel (1).

Son fils Jean, né à Pondichéry le 13 septembre 1775, fut capitaine d'infanterie de marine et prit sa retraite dans cette ville, après vingt-deux ans de service, en juillet 1829 (2).

IV. — Michelon Bourcet, second du nom, l'un des

----

(1) *Mémoires sur Voltaire*, par Longchamp et Wagnière, t. 1, p. 100 et *Œuvres de Voltaire*, t. 21, p. VIII. La carte suivante, annoncée par les *Affiches, annonces et avis divers* de Paris, du 8 mai 1771, n° 19, p. 75, a dû être dressée par cet ingénieur : « Le sieur Croisey, marchand d'estampes et de géographie à Paris, rue Dauphine, à l'hôtel de Genlis, a publié nouvellement une carte intitulée : *Théâtre de la guerre dans l'Inde*, dressée par M. Bourcet, ingénieur en chef ; elle s'étend depuis le cap Comorin jusqu'à Paliacate, au-dessous de Madras, etc., avec une partie de l'île de Ceylan et dix-huit plans des places les plus considérables de l'Inde, dont la bordure est formée. Cette carte est sur papier grand-aigle. Les batailles données dans l'Inde pendant la dernière guerre y sont marquées. »

(2) *Bulletin des Lois* du 15 juillet 1829, n° 313 *bis*, page 20.

fils du capitaine Pierre Bourcet, ministre à Usseaux dès 1652, prêta serment de fidélité à Charles-Emmanuel II, le 9 novembre 1657 (1) et fut condamné à une amende de 100 livres pour avoir fait travailler un jour prohibé par les édits, par arrêt du Parlement de Grenoble (2). A la révocation de l'édit de Nantes, étant aveugle, il fut contraint de se réfugier en Suisse, avec sa femme Magdeleine de Brun, de laquelle il eut trois enfants :

1° Daniel André, qui suit ;

2° Etienne, marié à Grenoble le 8 avril 1676, avec Antoinette Monnet-Baud, fille de Pierre Baud, marchand gantier, résidant à Sisteron, et de Marie Gaudoz (3). Il eut de cette union un fils nommé Jean Bourcet, huissier au Parlement, qui épousa Françoise Baud et laissa François (4), Jean-Claude et Louis, qui s'unit à Louise Dufrènes. Ce dernier habitait, en 1700, le lieu appelé Barboutet ;

3° Moïse, « ancien converti à la religion catholique », 1699 (5).

---

(1) L'*Israël des Alpes*, par Alexis Muston, t. II, p. 399.

(2) *Archives de l'Isère*. Registre d'arrêts, B. 2134.

(3) *Minutes de M° Aubert*, p. 109. Chambre des Notaires de Grenoble.

(4) François fut baptisé à Grenoble le 4 juin 1747. Il eut pour parrain François Reyffard, correcteur en la Chambre des comptes, et pour marraine Marie-Anne de Pène, épouse de Pierre Bourcet, ingénieur en chef à l'armée de Provence. (*Registre paroissiaux de Saint-Hugues de Grenoble*).

(5) Moïse et ses frères Etienne et Daniel, anciens convertis à la religion catholique, furent autorisés à se ren-

DANIEL-ANDRÉ BOURCET

V. — Daniel-André Bourcet se distingua dans l'état militaire, et fit presque toutes les campagnes qui eurent lieu pendant le règne de Louis XIV. En 1677, il commença à servir en qualité de volontaire dans le régiment de Provence, fit trois campagnes en Sicile avec le régiment et fut blessé en 1680, lorsque le duc de la Feuillade, qui avait remplacé le maréchal de Vivonne, fit évacuer cette île par les troupes françaises, dont il avait le commandement.

A la fin de la même année 1680, il fit avec le régiment le siège de Puycerda en Catalogne, sous les ordres du maréchal de Navailles et fut blessé pendant ce siège ; il reçut une troisième blessure la même année, au passage de la rivière de Ter, près St-Pierre Lescadour.

Il passa ensuite dans le régiment de Navarre, commandé par le marquis de Blanchefort ; étant en garnison à Marseille en 1682, son colonel, pour éviter à Daniel-André Bourcet les suites fâcheuses d'un duel qu'il eut avec le neveu du lieutenant du roi de cette place, qu'il blessa dangereusement, le fit embarquer sur le bâtiment *La Fortune*, commandé par le chevalier de la Renarde, qui faisait partie de la flotte du vice-amiral Duquesne, chargé du bombardement d'Alger. Il fit ensuite la campagne de 1683 et se

---

dre en Savoie, en Piémont et dans le comtat d'Avignon, pour leurs affaires particulières, par lettres de Louis XIV, de 1699. (*Archives de l'Isère*, registre B. 2437).

trouva ainsi au premier et second bombardement d'Alger, à la capitulation de Tripoli et au bombardement de la ville de Gênes, qui eurent lieu successivement pendant les années 1682, 1683 et 1684.

En 1689, la guerre s'étant déclarée contre les Vaudois, successivement contre le duc de Savoie, il fut employé, depuis cette époque jusqu'à la paix de Riswick, signée le 20 mai 1697. Il fut de nouveau employé comme capitaine d'une compagnie franche, commandant des milices du Pragelas, depuis l'année 1701 jusqu'en 1713.

Le capitaine Daniel Bourcet se signala non seulement dans les guerres qui eurent lieu de son temps, mais il voulut encore faire servir son expérience à ses fils, Pierre et Jean Bourcet. Après leur avoir fait connaître toutes les positions militaires des Alpes, tous leurs débouchés, tous leurs cols, tous leurs passages, après leur avoir développé ses principes de haute tactique, il leur laissa un mémoire écrit de sa main, dans le style modeste, laconique et sans prétentions d'un brave officier obligé de citer souvent ses actions personnelles comme des exemples, où les vérités les plus précises de l'art spéculatif de la guerre sont démontrées avec la plus grande clarté.

Daniel Bourcet termina sa glorieuse carrière à Briançon, le 2 septembre 1731, âgé de 73 ans, laissant après lui, de son mariage avec Marie-Magdeleine Legier, cinq enfants :

1° Pierre, qui suit ;

2° Catherine, mariée à un Bourcet ; elle était veuve lorsque mourut son frère Pierre (1780), qui lui fit quelques legs ;

3° Jean, qui a fait souche ;

4° Marie, qui s'unit à M. Samuel et mourut à Grenoble, le 30 vendémiaire an X (22 octobre 1799) âgée de 55 ans (1) ;

5° Marie-Magdeleine, mariée à M. Magnin.

PIERRE BOURCET.

Pierre Bourcet (2), fils aîné du capitaine Daniel-André Bourcet, né à Usseaux, le 1er mars 1700, fut un ingénieur militaire de grand mérite, qui contribua par son talent à nos succès dans les Alpes. Sa réputation a grandi depuis sa mort, ses œuvres se sont répandues et elles excitent l'admiration. La carte topographique du haut Dauphiné, dressée sur les plans de Bourcet par Villaret, est un modèle de clarté et d'exactitude.

Sa vie a été écrite par son ami Jean Berthelot, officier du génie (3), par le colonel Augoyat en 1856, et récemment par le colonel Arvers à la suite des

(1) Au nombre des témoins qui firent la déclaration de décès, on remarque Jean Berthelot, officier du génie « qui a dit être ami de la défunte. » (Registre de l'Etat civil de Grenoble.)

(2) *Les Affiches du Dauphiné*, n° 25, du 20 octobre 1780, lui donnent à tort le prénom de *Jacques*. M. A. Rochas, dans sa *Biographie du Dauphiné*, l'appelle Pierre-Joseph. Le comte Pajol, dans *Les Presses sous Louis XV*, t. VI, p. 104, fait naître P. Bourcet à Yseaux, près Châtellerault !

(3) Voyez *Bibliothèque du Dauphiné*, de Guy Allard, publié par Chalvet. On trouve dans les notes de Jean-

Principes de la guerre de montagnes (1). La notice inédite que nous reproduisons a été écrite en 1815, par le neveu de Bourcet, Jean-Pierre (2), ancien consul de France à Naples.

« Pierre Bourcet commença à servir dans les armées des Alpes sous les ordres de son père.

Le 17 septembre 1724, il fut fait officier pointeur à l'Ecole royale d'artillerie de Grenoble.

Le 28 septembre 1727, il fut nommé lieutenant dans le régiment Royal-Vaisseaux; il servit dans ce corps jusqu'en 1729, où il fut reçu dans le corps royal du génie.

Peu après, il eut ordre du ministre de la guerre d'accompagner le maréchal de Maillebois dans une reconnaissance secrète dans les Alpes ; ce fut pendant

---

Claude Martin, à la suite de son *Histoire du baron des Adrets*, les vers suivants à l'honneur de Bourcet :

> Elève, émule de Vauban,
> Joignant le courage aux lumières,
> Du Piémont, sur la Sture, il força les barrières,
> Et dompta le courroux du superbe Eridan ;
> Ses écrits, ses projets, ses pensées solitaires,
> Tout fut pour son pays, pour son art, pour l'honneur,
> Et bon, sensible, humain sous des dehors austères,
> Des siens, de ses amis, son cœur fit le bonheur.

(1) Voyez aussi deux articles remarquables intitulés : *Maillebois et Bourcet en Italie*, 1733-1735 (par M. le commandant Albert de Rochas), dans la *Revue du Cercle militaire*, nᵒˢ 9 et 10, mars 1889.

(2) D'après le manuscrit déjà cité relatif à la famille Bourcet, dont nous devons l'obligeante communication à Madame de Champlagarde.

cette tournée qu'il se fit particulièrement connaître du comte de Maillebois, son fils, qui sut apprécier et souvent se servir des talents supérieurs de cet officier, auquel il a constamment rendu justice... Cependant M. de Bourcet, ayant reconnu dans les mémoires publiés en 1779, sous le titre des campagnes de Maillebois en Italie, plusieurs de ses conceptions et même de ses personnelles actions qui ne lui étaient point attribuées, s'en plaignit amicalement au comte de Maillebois :

« Vous avez acquis assez de gloire, mon cher Bourcet, lui répondit cet officier général, pour ne pas vouloir aussi celle des autres ; j'ai dit hautement et partout la part que vous avez eue à nos campagnes d'Italie. Très touché cependant de votre confiance, et très sensible à votre amitié, je n'ai jamais rien fait pour la perdre ; quoi qu'on ait pu vous dire, mes sentiments sur votre compte n'ont pas varié, et dans l'époque que vous me rappelez, je me souviens très bien d'avoir senti avec équité tout ce que l'État et moi devions à vos lumières et à vos talents. »

En 1733, Pierre Bourcet était au siège de Milan et à celui de Novare ; à la prise de Reggiolo et de Cossano, il donna des preuves particulières de ses talents et de sa bravoure. Chargé de reconnaître le Seraglio, il s'empara de Borgo Forte avec quinze grenadiers et quinze hussards ; il prit ensuite Governolo, sur la rive gauche de Mincio, ce qui obligea l'ennemi à se retirer sur l'Adige. Le maréchal de Noailles lui fit reconnaître cette rivière. Sur le plan qu'il proposa, ce maréchal fit avancer l'armée dont il avait le commandement, et chargea cet officier de toutes les dispositions nécessaires pour empêcher l'ennemi d'entrer en Lombardie.

En 1741 (1), le maréchal de Maillebois l'appela et le fit employer à l'armée qu'il commandait sur le Bas-Rhin, et le chargea de reconnaître la Westphalie et le Palatinat.

Le 3 juillet 1742, il reçut l'ordre du roi de se rendre en toute diligence à la Cour et fut envoyé secrètement en Provence, près l'infant Don Philippe d'Espagne pour diriger la marche de ses troupes dans le passage des Alpes. Les services qu'il rendit à ce prince lui méritèrent les plus particulières bontés ; les détails de ses services se confondent avec ceux des campagnes de 1742 à 1748, dont il est parlé ci-après. Sa correspondance avec les généraux espagnols les marquis de La Mina, de Glimes, du Tillot, fait connaître la haute estime et l'entière confiance qu'il leur avait inspirées.

En 1760, le marquis du Tillot lui écrivit de Parme : « Ne parlons pas des malheurs qui ont interrompu notre correspondance ; le plaisir de voir que vous conservez quelques souvenirs de notre ancienne

---

(1) Cette année et le 19 avril, M. de Piolenc donna l'ordre au sieur de Cleyrac, commis du trésorier de l'extraordinaire des guerres, de payer au sieur Bourcet, ingénieur, la somme de 72 livres « pour affaires à nous connues, c'est pour être allé aux Echelles vérifier les travaux faits sur les limites de France et de la Savoye, et lever un plan des ouvrages que j'ay envoyé à M. le marquis de Breteuil, ensuite de ses ordres ». (*Bibl. de Grenoble*, registre des ordres donnés par M. de Piolenc, f. 132, R. 63.)

amitié me fait tout oublier. L'Infant a vu votre lettre;
vous savez combien il vous aimait et vous estimait;
il voudrait encore avec plaisir vous en donner des
marques. Je voudrais bien que vous parussiez chez
nous, occupé comme vous allez l'être à Turin, mais
pour étendre les limites de notre très petit empire...
Sans cela je ne vous en reverrais pas moins avec le
plus sensible plaisir, et je vous invite à venir ce prin-
temps prendre un peu de repos chez moi, quand vous
aurez bien connu et mesuré des frontières, et bien
servi le roi de France, comme vous avez toujours
fait..... J'ai l'honneur, etc. Signé : Du Tillot. »

En 1743, il fut chargé, par ordre du marquis d'Ar-
gensont de lever le plan du fort de Montmeillan; il
lui fut payé pour ce travail la somme de 400 livres (1).

Le 26 août de la même année, Pierre Bourcet fut
nommé chevalier de l'ordre royal et militaire de
St-Louis.

Le 6 avril 1744, il fut nommé capitaine au régiment
Royal-Vaisseaux.

La même année 1744, époque de la conquête des
comtés de Nice et de Beuil, ce fut lui qui détermina
les marches, les positions qui furent prises par l'armée, et qui dirigea l'attaque et la prise des barricades de la vallée d'Esture.

Lorsque le prince de Conti, qui commandait cette
armée, rendit compte au roi de ses succès, il fit connaître à ce monarque qu'il les devait à cet officier.

Le marquis d'Argenson, alors ministre de la

---

(1) *Registre des ordres donnés par M. de Piolenc*,
f. 146. Bibl. de Grenoble. R. 63.

guerre, en répondant à ce prince, s'exprimait ainsi :
« Metz, le 19 septembre 1744. J'ai rendu compte au roi, aussitôt que sa convalescence a pu le permettre, de la satisfaction que Votre Altesse Sérénissime a témoigné des services que M. de Bourcet a rendus dans les expéditions des comtés de Nice et du Piémont ; Sa Majesté a bien voulu lui accorder 800 livres de pension sur le trésor royal. Je suis, etc. D'Argenson.»

Ce fut successivement pendant les campagnes de 1742 à 1748 qu'il acquit la plus grande célébrité. Il se distingua au siège de Demonte, à celui de Cuneo ; il dirigea celui de Valence, qui se rendit en dix jours, et fut chargé de porter la nouvelle au roi ; il se trouva à celui d'Acqui, à celui de Vintimille, et fit effectuer ce fameux passage des 60 qui, en le couvrant de gloire, acheva sa réputation.

En 1748, le maréchal de Belle-Isle, qui avait successivement remplacé le prince de Conti et le maréchal de Maillebois dans le commandement de l'armée d'Italie, se fit un devoir de reconnaître, dans sa correspondance avec le ministre de la guerre, que les manœuvres savantes et les succès de l'armée étaient l'ouvrage de M. de Bourcet.

Le 11 novembre 1745, il fut nommé lieutenant-colonel au régiment Royal-Vaisseaux.

Le 1er janvier 1747, il obtint le grade de colonel au même régiment.

Le 1er janvier 1748, il fut élevé au grade de brigadier des armées du roi.

Le 21 mai 1751, il lui fut accordé une pension de 1,000 liv. sur l'ordre royal et militaire de St-Louis.

Des suffrages aussi flatteurs, des récompenses

aussi honorabes, d'aussi brillants succès, devaient nécessairement entretenir dans l'âme de cet officier la noble ambition qui, dans tout le cours de sa vie, lui a fait rechercher et mériter l'estime générale ; aussi ne cessa-t-il de concevoir des projets utiles, et, dans les loisirs de la paix, il sut concilier les occasions de servir son pays et son prince ; ses nombreux écrits attestent ses travaux.

C'est dans ces temps de repos qu'il obtint du ministre de la guerre d'employer, sous ses ordres, les officiers du corps royal du génie à la levée de la carte des frontières des Alpes et du comté de Nice, connue sous le nom de carte Bourcet, qu'il présenta au roi.

En 1756, le roi de Prusse ayant fait une invasion en Saxe, et la reine de Hongrie ayant exigé du roi de France les 24,000 hommes stipulés dans le traité d'alliance fait avec elle, M. de Bourcet reçut ordre, le 18 septembre, de se rendre à Metz pour prendre le commandement du corps royal de l'artillerie et du génie destiné à servir dans l'armée qu'on y rassemblait.

Le 1er mars 1757, il eut ordre d'aller commander le corps royal de l'artillerie et du génie dans le corps d'armée séparé, commandé par le prince de Soubise, sous les ordres du maréchal d'Estrées.

Le 15 juin, même année, il eut ordre d'aller commander le corps royal de l'artillerie et du génie à l'armée qui se rassemblait en Alsace, sous les ordres du prince de Soubise.

Le 16 mars 1758, il eut ordre d'aller commander le corps royal, en sa qualité de directeur en chef pour le génie, au corps d'armée commandé par le comte de Clermont.

Le 1er mai suivant, il eut ordre d'aller commander le corps du génie à l'armée commandée par le prince de Soubise.

Le 15 novembre suivant, il eut ordre de servir, pendant l'hiver de 1758 à 1759, en la charge de brigadier des armées du roi près le maréchal prince de Soubise.

Le 6 février 1759, M. de Bourcet fut nommé maréchal de camp et, le 17 décembre suivant, il fut envoyé à Turin, en qualité de commissaire principal pour le roi, à l'effet de fixer la limitation entre la France et le Piémont. Cet officier général développa dans cette importante mission autant de talent, d'équité, d'esprit que de franchise. Le marquis de Chauvelin, ambassadeur de France près la cour de Sardaigne, ne cessa de rendre hommage à ses utiles travaux et à la droiture de ses vues.

Le 29 janvier 1760, le duc de Choiseul, ministre des affaires étrangères, lui écrivait : « J'ai reçu la lettre que vous m'avez fait l'honneur de m'écrire de Turin ; je vous fais mon sincère compliment sur la justice que la cour de Turin a rendue à la supériorité de vos talents, à l'intelligence et à la précision de votre travail. M. le marquis de Chauvelin m'a adressé le mémoire et l'instruction que vous avez dressés relativement à l'opération préliminaire à laquelle vous allez présider, en qualité de commissaire principal du roi, et je puis vous assurer que Sa Majesté et son conseil ont donné l'approbation la plus entière à vos idées et à leur rédaction.

« J'ai l'honneur, etc. Signé : le duc de Choiseul. »

Bourcet rédigea le procès-verbal suivant, qui a été imprimé: *Procès-verbal de la limitation générale convenue entre les cours de Versailles et de Turin par le traité du 24 mars 1760. A Paris, de l'Imprimerie royale, 1765, in-4°, 10 pp.* (Bibl. de Grenoble, v. 1341.)

Lorsque cette importante opération fut terminée à la satisfaction des deux cours, le roi Charles-Emmanuel, lors de son audience de congé, lui fit don de son portrait enrichi de diamants.

Le 10 juin 1760, le duc de Choiseul lui écrivait de de nouveau : « J'ai reçu la lettre que vous m'avez fait l'honneur de m'écrire le 28 du mois dernier.

« M. le marquis de Chauvelin m'a annoncé que vous m'adresseriez immédiatement après votre arrivée à Briançon le procès-verbal de la limitation générale dont nous sommes convenus avec la cour de Turin.

« Recevez de nouveau mon sincère compliment sur l'importance et le succès de votre travail ; vous avez parfaitement justifié, en cette occasion intéressante, l'opinion avantageuse que Sa Majesté avait déjà de vos talents et de votre zèle pour son service.

« Le roi a agréé que vous ayez accepté le présent que le roi de Sardaigne a bien voulu vous faire, et en a chargé d'en adresser un pareil à M. le marquis de Chauvelin pour être remis par cet ambassadeur à M. le baron de Foncet de la part de Sa Majesté.

« J'ai l'honneur, etc. Signé : le duc de Choiseul. »

Le 1er mars 1761, M. de Bourcet eut ordre d'aller, dans son grade de maréchal de camp, prendre le commandement du corps du génie employé au corps d'armée confié au comte de Soubise, dont les opérations devaient commencer le 1er mai suivant

Le 30 décembre 1761, M. de Bourcet, de retour de l'armée, eut ordre d'aller régler les difficultés survenues dans l'exécution du traité des limites entre la France et le Piémont, et fut employé en conséquence dans son grade de maréchal de camp dans les provinces de Bourgogne, Dauphiné et Provence.

Au mois de janvier 1762, M. le duc de Choiseul appela M. de Bourcet à Versailles, et le chargea spécialement de la correspondance et de la direction secrète des armées d'Allemagne et de Portugal.

Cette importante mission, cet honorable témoignage de la confiance du roi et du ministre, suivis de si peu de succès à l'armée d'Allemagne pendant cette campagne de 1762, sembleraient devoir atteindre la réputation militaire de M. de Bourcet ; mais pour justifier et lui rendre tout son lustre, il suffit de connaître cette correspondance officielle, qui fut son ouvrage.

Les minutes authentiques de cette correspondance, les nombreux mémoires, projets, instructions, détails historiques, locaux, militaires, politiques, enfin la correspondance particulière de M. de Bourcet, rendent une justice éclatante à ses talents supérieurs, à son opinion, sans cesse opposée aux intrigues et aux mauvaises dispositions. En effet, personne ne fut plus à même que lui, par ses continuels rapports avec les personnages les plus influents d'alors, de connaître, de combattre, avec autant de droiture que de discernement, les influences ténébreuses, les jalousies, les mauvaises intentions, les lenteurs d'exécution, les variations continuelles dans les plans de campagne, dans les marches journalières, etc., etc.; malheureusement il ne fut pas toujours écouté.

L'époque la plus mémorable et la moins heureuse, sans doute, du règne de Louis XV, est celle de cette guerre de sept ans, qui eut lieu depuis l'année 1756 jusqu'au 10 février 1763, que fut définitivement signé à Paris le traité de paix entre la France, l'Espagne, l'Angleterre, et auquel le roi de Portugal accéda le même jour par un traité particulier.

Le 25 juillet 1762, de Bourcet fut élevé au grade de lieutenant général des armées du roi et nommé commandeur de l'ordre de saint Louis,

Le 1er avril 1763, il fut employé dans son grade de lieutenant-général dans les provinces de Dauphiné, Provence et comté de Bourgogne.

En 1765, il fut consulté sur les moyens de défendre la Flandre ; son opinion fut adoptée. Le duc de Choiseu lui écrivait ainsi : « J'ai reçu votre lettre du 14 de ce mois, mon cher Bourcet ; cette lettre est arrivée à propos et m'a fait le plus grand plaisir. Vous m'avez mis la Flandre maritime parfaitement dans la tête, je ferai ce que vous me mandez, il n'y a rien de mieux. »

Il fut également chargé de fournir un plan de défense générale de la Provence qui pût se lier avec celle des Alpes. Ce travail précieux, connu sous le titre de la défense de Toulon, Aix et Marseille, mérita dans son temps l'approbation des généraux les plus distingués.

Le duc de Choiseul, voulant chaque jour propager de plus en plus les rares talents de cet officier général, fit adopter au roi le plan d'une ecole d'instruction militaire pour les officiers destinés au service de l'état-major des logis des armées. Il confia le commandement de ce nouveau corps à M. de Bourcet, qui en était le créateur. C'est pour l'utilité et l'instruction de ces officiers qu'il fit le précieux ouvrage des principes spéculatifs de la guerre de montagnes.

Le 20 février 1769, il fut employé en Corse, dans son grade de lieutenant-général, aux ordres du comte de Vaux. Cet austère et respectable maréchal de France se fit toujours un devoir de rendre la plus éclatante justice aux talents supérieurs et aux habiles conceptions de cet officier général, auxquelles il attribuait, avec la plus honorable loyauté, une partie des succès de l'armée dont il avait le commandement.

Le duc de Choiseul écrivait au comte de Vaux, lorsqu'il fût prendre le commandement de l'armée : « J'ai oublié dans les instructions que j'ai eu l'honneur de vous remettre, de vous parler de M. de Bourcet, lieutenant-général qui va servir sous vos ordres en Corse. Vous connaissez son mérite, l'utilité dont il a été et dont il peut être au service du roi, surtout dans la guerre de montagnes et pour pouvoir, d'après ses connaissances, former un plan fixe d'établissement, tant pour le présent que pour l'avenir, dans l'ile de Corse. J'ajouterai à ces considérations, à celle de son âge, qui demande que l'on se presse d'user de ses talents, que M. de Bourcet est, depuis bien des années, mon ami particulier ; j'ose vous le recommander encore à ce titre. Signé : duc de Choiseul. »

Le 11 avril 1770, M. de Bourcet fut nommé grand croix de l'ordre de Saint-Louis.

Le 25 juin 1770, le duc de Choiseu' lui fit l'envoi des mémoires et cartes de la reconnaissance locale militaire qui venait d'être faite des côtes du royaume, depuis Dunkerque jusqu'à Bayonne, dans le but d'en exposer l'état et d'indiquer les moyens d'en assurer la défense. Ce ministre, en invitant M. de Bourcet à examiner ce travail, réclamait principalement ses observations et son avis sur chacune de ses parties. Le 13 juillet suivant, il s'empressa de répondre à ce nouveau témoignage de confiance du ducde Choiseul.

Le 10 mars 1778, M. de Bourcet fut nommé par le roi pour commander la province de Dauphiné, en l'absence du comte de Clermont-Tonnerre, lieutenant-général et commandant en chef cette province. Il occupait ce poste distingué le 14 octobre 1780, jour où il termina sa glorieuse carrière.

Tels sont les principaux faits de la vie militaire du lieutenant-général de Bourcet, qui toucha de si près au bâton de maréchal de France, et dont la juste, étonnante et superbe réputation est inscrite pour toujours dans les fastes de la Patrie.

Pierre Bourcet avait épousé à Montpellier, en 1740, Marie-Anne de Pène, fille alné de Louis de Pène, brigadier d'infanterie, directeur des fortifications de Roussillon. de laquelle il n'eut pas d'enfants. S'étant retiré dans sa belle propriété de Meylan près Grenoble (1), il y mourut le 14 octobre 1780, à 80 ans et 6 mois.

---

(1) Le petit château qu'il possédait est situé au pied du contrefort sur lequel a été construit le fort appelé *Bourcet*, sur la proposition du commandant Albert de

Par son testament du 1er septembre 1780, il légua 1,000 livres à la paroisse d'Usseaux, et 600 livres à la chapelle de N.-D. du Laus, près Gap, où son cœur devait être déposé (1).

Le cœur de Bourcet est actuellement suspendu à l'un des piliers de cette église, dans un cœur en plomb portant gravée l'inscription suivante :

CŒUR

DE M. DE BOURCET, LIEUTENANT

GÉNÉRAL DES ARMÉES DU

ROY, GRAND-CROIX DE

L'ORDRE ROYALE ET

MILITAIRE DE SAINT LOUIS,

COMMANDANT EN

SECOND EN DAUPHINÉ,

MORT à GRENOBLE

LE 14 OCTOBRE

MDCCLXXX (2).

Nous possédons le portrait de P. Bourcet, il existe à la bibliothèque de Grenoble ; c'est une copie d'un original, faite par M. Louis-Firmin Lecamus, ancien

---

Rochas, un de nos écrivains militaires des plus distingués. Cette propriété appartient aujourd'hui à MM. Pagès.

(1) Il changea les dispositions d'un testament précédent du 3 juin 1780, par lequel il avait décidé que « son cœur fût placé dans une boite pour être donné à l'hôpital de la Providence de Grenoble. »

(2) C'est vers 1860 qu'un ouvrier signala à l'abbé Blanchard l'endroit où le cœur avait été caché dans l'église du Laus, entre 1819 et 1841.

professeur de dessin à l'école centrale de la Drôme, né à Paris en 1702. Il a été donné à l'Académie delphinale par M. de Bourcet neveu, en 1808. Cette société l'a offert à la ville de Grenoble (1).

La veuve de Pierre Bourcet, Marie-Anne de Pène, continua à résider dans sa propriété de Meylan ; elle y testa le 3 août 1784 (2) et mourut à Grenoble le 17 septembre 1799, âgée de 77 ans. Elle fit quelques legs à Marie-Anne-Louise de Bourcet, sa nièce, épouse de M. de Jarjayes, légua ses livres d'histoire et de belles-lettres à MM. de Polastre, et institua héritière universelle sa sœur, Françoise de Pène (3), veuve de M. de Polastre.

Le tryptique d'une merveilleuse sculpture, repré-

---

(1) Il existait dans le domaine de Meylan, que Marie-Anne de Pène, veuve de Pierre Bourcet, abandonna à Jean-Pierre Bourcet, en 1783, une tabatière d'écaille doublée d'or, sur laquelle se trouvait le portrait de P. Bourcet, ainsi qu'un profil au crayon et un grand portrait à l'huile. (*Archives de l'Isère*, fonds des familles.)

(2) *Minutes de Me Toscan*, f° 55.

(3) Elle appartenait à une ancienne famille des environs de Digne, et naquit à Marseille le 8 août 1722. Sa sœur, Françoise de Pène, avait épousé Charles-Gaspard-Eléonor de Polastre, lieutenant du roi à Mont-Dauphin. Elle était déjà veuve lorsqu'elle testa, à Grenoble, le 11 avril 1787, nommant pour ses héritiers : Anne-Catherine de Pène, religieuse recolette au couvent d'Ollioules en Provence ; Laurent-Charles de Polastre, son fils, conseiller au Parlement de Rennes, et Vital-Germain de Polastre, son fils aîné, lieutenant au corps royal du génie. (*Minutes de Me Gautier*, f° 167).

sentant les fêtes principales de l'Eglise grecque, que possède la Bibliothèque de Grenoble, provient de la famille de Bourcet ; il avait appartenu à la reine Marie Leczinska et fut acquis de Mᵐᵉ de Polastre en 1812 (1).

JEAN-BAPTISTE DE BOURCET DE LA SAIGNE.

VI.—Jean-Baptiste Bourcet de la Saigne, second fils du capitaine Daniel-André, naquit à Usseaux le 25 juin 1713; élevé par son frère, il commença à servir sous les ordres de son père et de son frère le lieutenant-général.

Nommé le 1ᵉʳ mai 1733 lieutenant au bataillon de Villeneuve, il passa aide-major au même bataillon le 26 avril 1735.

Le 10 mai 1740, il fut reçu dans le corps du génie et attaché à la suite du régiment d'Anjou infanterie, en qualité de lieutenant.

Nommé capitaine à la suite du même régiment (1ᵉʳ janvier 1745), il obtint la croix de Saint-Louis le 15 octobre 1746.

Le 4 janvier 1759, le maréchal de Belle-Isle lui écrivait : « J'ai reçu, Monsieur, votre lettre, où était joint le plan de Reimfels, dont je vous remercie. M. de Castries ne m'a pas laissé ignorer toute la part que vous aviez eue à la surprise de cette place et toute l'utilité dont vous lui avez été. Je ne l'ai point

---

(1) Voyez *Description d'une ancienne sculpture grecque du cabinet des antiques de la Bibliothèque de Grenoble*, par Champollion-Figeac. *Paris*, 1811, in-8°.

laissé ignorer au roi et vous pouvez être assuré que je ne négligerai point l'occasion de vous faire connaître. Signé : Le maréchal de Belle-Isle. »

Le 6 avril 1761, M. de Bourcet fut nommé ingénieur en chef à Grenoble, avec le grade de colonel à la suite du régiment d'Aquitaine.

Le 18 octobre 1761, il obtint le grade de colonel à la suite du même régiment d'Aquitaine.

Le 18 juin 1768, il fut nommé brigadier des armées du roi.

Le 16 septembre 1769, il fut nommé directeur des fortifications de l'île de Corse.

Le 16 août 1771, il fut élevé au grade de maréchal de camp et armées du roi (1).

Cet officier général, digne émule et continuel collaborateur du lieutenant-général son frère, dont les talents supérieurs, les services distingués, le zèle infatigable ne furent égalés que par une modestie sans égale, termina son honorable carrière à Corté le 10 août 1771.

Son corps reposait dans un monument que les officiers du génie alors à ses ordres firent élever

---

(1) Ce grade d'officier général conférant la noblesse militaire héréditaire à sa postérité légitime lors née et à naître, conformément à l'édit du roi du mois de novembre 1750, Pierre-Jean de Bourcet, son fils, en l'année 1777, se pourvut par requête par-devant la Cour des Comptes du Dauphiné, à l'effet de faire enregistrer ledit brevet de maréchal de camp accordé à son père et obtint ordonnance le 1ᵉʳ décembre de la même année. (V. *Archives de l'Isère*, registre *generalia*, t. 4°, p. 15).

dans l'église de St-Joseph-de-Capucins de cette ville, en témoignage de leur vénération et de leurs touchants regrets de la perte prématurée de leur chef(1).

Jean Bourcet de la Saigne avait épousé Marguerite-Victoire de Lovat, décédée à Grenoble le 24 mars 1789, fille de François de Lovat, conseiller du roi, correcteur en la Chambre des Comptes de Paris, et de Geneviève de Lespine, l'un et l'autre décédés dans cette ville.

De ce mariage sont nés :

1. Pierre-François, né le 24 novembre 1750, mort en bas-âge ;

2. Pierre-Jean, qui suit ;

3. Jean, officier au corps du génie, décédé sans postérité à Mézières en 1773 ;

4. Marie-Victoire, née le 31 juillet 1753, mariée le 3 août 1770 à Henri de Baratier, seigneur de Pommeaux et les Robins, capitaine d'infanterie, ingénieur ordinaire du roi. Elle mourut à Grenoble le 7 juin 1834, âgée de 80 ans ;

5. Louis-Joseph, né le 30 octobre 1754 ;

6. Marie-Anne-Louise, née le 8 novembre 1755, s'unit en 1770 avec Auguste de Reynier de Jarjayes, lieutenant d'infanterie, aide de camp du lieutenant général de Bourcet de 1739 à 1779. Elle décéda le 2 octobre 1786, à l'âge de 32 ans. Son mari épousa en

---

(1) L'ancien couvent des Capucins de Corte fut dévasté pendant la Révolution et le tombeau de Bourcet détruit ; il appartient aujourd'hui à M. le baron Mariani et est occupé par les Frères de la Doctrine chrétienne. (*Lettre de M. le chanoine Venturini*, curé de Corte).

deuxièmes noces L.-M.-E. Quelpée de la Borde et eut pour unique enfant de ce mariage Augustin de Reynier de Jarjayes, qui épousa Pierre-Joseph-Aman Gilbert de Bourcet, dont il sera question ci-après ;

7. Henri, né le 11 novembre 1769, mourut le 30 décembre de la même année ;

8. Eugène-Gabriel-Jacques, né le 12 octobre 1758 ;

9. Françoise-Pierrette, née le 3 janvier 1761. D'un esprit élevé et d'une charité sans exemple, Mlle de Bourcet fonda, après la Révolution, un pensionnat de jeunes filles, connu sous le nom de *Dames de Saint-Pierre,»* à Montfleury (1). Ce fut surtout lorsque Pie VI et Pie VII passèrent à Grenoble qu'elle se multiplia. « Elle devint la bienfaitrice et comme la nourrice des illustres captifs qui s'arrêtèrent dans notre ville. Sa charité surhumaine s'étendait à tous les malheureux : amis, ennemis, pauvres, prisonniers étrangers ou français ; non seulement Mlle de la Saigne volait à leur demeure, mais elle les cherchait, les prévenait, était ingénieuse à les découvrir; rien ne lui coûtait dans ces circonstances ; elle a suspendu plus d'un arrêt de mort et en a fait casser d'autres (2). » Elle mourut le 12 décembre 1814, âgée de 53 ans (3);

(1) Elle lui donna le nom de Saint Pierre en l'honneur du lieutenant-général Pierre Bourcet.

(2) *Journal du département de l'Isère,* n° 149, du 16 décembre 1814. Article nécrologique par l'abbé Bouchard.

(3) Voyez : Epitaphe de Mlle de la Saigne, imitée du Xe Cantique de l'Eglise par un membre de la Société des Sciences et des Arts de Grenoble (M. de Barrin). *Journal du départ. de l'Isère,* n° 152 du 23 déc. 1814.

10. Charles-François, né le 12 février 1763 ;
11. Rose de Bourcet-Fonfrède, mariée à M. Chabert.

PIERRE-JEAN DE BOURCET

VII. — Fils de Jean Bourcet de la Saigne, neveu, filleul et héritier du lieutenant-général, né à Grenoble le 11 juin 1752, a commencé à servir en l'année 1767. Le 1ᵉʳ mars 1768, il reçut ordre du duc de Choiseul de se rendre à Grenoble aux ordres du lieutenant-général de Bourcet, pour faire la campagne en qualité d'élève dans le corps de l'état-major général des logis de l'armée et de reconnaître une partie de la frontière du Dauphiné.

En 1769, il fut employé en Corse en qualité d'aide de camp du lieutenant-général de Bourcet.

Le 5 novembre 1769, il fut nommé lieutenant en second à la suite du régiment de Toul du corps royal de l'artillerie, en garnison à Grenoble.

Le 17 juin 1770, il fut nommé lieutenant d'infanterie.

En 1777, le lieutenant-général de Bourcet lui fit obtenir une charge de conseiller au Parlement de Grenoble, qu'il exerça jusqu'en 1781, époque où il fut appelé à Paris par des intérêts majeurs.

Le 22 avril 1787, le roi lui accorda la place de premier valet de chambre de Louis-Xavier-François de France, Dauphin, qui mourut dans ses bras le 4 juin 1789. Le roi Louis XVI lui confia une mission secrète à Turin, en décembre 1790, près du roi de Sardaigne et près du comte d'Artois.

Le 28 janvier, M. de Bourcet fut nommé chevalier de St-Louis. Au mois de juin 1791, lors du départ du roi et de la famille royale pour Montmédy, M. de Bourcet partit pour Mons, où il devait trouver des ordres, mais il fut arrêté à Valenciennes.

Dès que le départ du roi fut connu à Paris, les barrières de la ville furent fermées, toutes les issues gardées, de sorte que M. de Bourcet eût été dans l'impossibilité d'entreprendre ce voyage s'il n'eût employé le moyen très hasardeux qu'une circonstance particulière lui fournit. Il prit le nom, le brevet, les lettres de service, le passeport, l'uniforme de M. de Polastre, son cousin, officier au corps du génie, parvint à sortir de Paris, mais ayant été reconnu pour n'être pas cet officier, il allait être livré à un conseil de guerre, lorsque la nouvelle de l'arrestation de la famille royale à Varennes et de sa conduite à Paris parvint officiellement à Valenciennes, d'où M. de Bourcet s'échappa et revint à Paris. Il était près du roi, au château des Tuileries, le 20 juin 1792. Il se réfugia bientôt après dans sa campagne aux environs de Grenoble, puis retourna à Paris en juin 1795, époque où il fut nommé chef de brigade de la section du Faubourg-Poissonnière (17 juin-octobre 1795), puis après agent de l'entreprise générale de l'habillement des troupes à Marseille, 13 ventôse an XII (3 mars 1790), revint ensuite à Grenoble, où il fut nommé, le 26 mars 1804, directeur et receveur général des droits réunis du département de l'Isère. Il était en outre commandant de la garde d'honneur volontaire de l'empereur dans le département de l'Isère, 1805 (1). Il occupa

---

(1) Avant de quitter Grenoble pour l'Italie, il vendit son

ensuite la direction des droits réunis du département^t
de l'Arno, résidant à Florence, 1809, où il était encore
directeur à l'époque du 2 février 1814, lorsque les
Français évacuèrent forcément la Toscane. Il se rendit à Gênes pour y attendre les événements, et arriva
à Grenoble le 25 avril de la même année ; partit pour
Paris en septembre 1814, et présenta au roi
Louis XVIII quatre hallebardes des gardes du corps
qu'il avait conservées depuis le 6 octobre 1789.

Le 27 septembre 1814, il fut nommé consul général
de France à Naples.

Le 29 novembre 1815, par ordonnance royale, il
reçut le titre héréditaire de comte. Les motifs de l'ordonnance étaient fondés sur les services de la famille
Bourcet. Voici la description des armes qui lui furent
accordées : *D'azur au drapeau d'argent, armé d'une
lance d'or, le drapeau enrichi à chacun de ses flancs
d'une fleur de lys, l'une et l'autre couchée en face de
gauche à droite, en chef et en pointe de deux dauphins couronnés couchés dos à dos, au centre et en
bande des lettres initiales* W. C. P. B.

(*Vive, vive capitaine Pierre Bourcet.*) (1).

Pierre-Jean de Bourcet avait épousé à Grenoble, le
28 octobre 1782, Marie-Gabrielle Randonne de Rivière,
décédée le 9 mai 1814, fille de Joseph-Auguste, ancien

---

domaine des Balmes de Fontaine à M. Badon, le 12
mai 1807.

(1) Les armes primitives de Bourcet étaient : *d'azur,
au cavalier d'argent, tenant un drapeau de même,
chargé des lettres* W. B. ; *accompagné de quatre étoiles
aussi d'argent.*

officier d'infanterie, conseiller-maître en la Cour des comptes de Dauphiné, et de Jeanne-Elisabeth de Pelissier ; de ce mariage naquirent deux fils et trois filles :

1. Pierre-Joseph-Aman-Gilbert, comte de Bourcet, né à Grenoble le 28 octobre 1783, a commencé à servir en 1802, comme soldat, dans le 6e régiment d'infanterie de ligne, alors en garnison à Grenoble. Il fut, successivement, sergent (20 mai 1802), sous-lieutenant (2 août 1802) et lieutenant (24 janvier 1804) au même régiment, aide de camp du général Maçon, lieutenant au 37e de ligne (1805). Le 30 juin 1807, après la bataille de Friedland, il fut nommé capitaine-adjoint à l'état-major du général Oudinot ; le 28 octobre 1808, chevalier de la Légion d'honneur ; le 2 juillet 1809, aide de camp du maréchal Oudinot, duc de Reggio, après la bataille d'Essling ; le 17 juillet 1809, officier de la Légion d'honneur ; le 20 novembre 1812, chef d'escadron à Orsa, sur les rives du Borysthène ; le 2 avril 1814, colonel. Il a fait les campagnes suivantes : celles de l'an XI et de l'an XII (1803 et 1804) à l'armée des côtes de Picardie, celles de 1807 et 1808 en Pologne, celle de 1809 en Autriche, celles de 1810 et 1811 en Hollande, celle de 1812 en Russie, celle de 1813 en Allemagne. Le 14 juin 1807, il était à la bataille de Friedland et assista aux batailles de Ratisbonne, d'Essling, de Wagram, de la Drissa, de Smolensk, de Leipsig, etc., etc. Le 4 juin 1813, il fut blessé d'une balle à la tête au combat de Luckau, et d'une balle à la cuisse devant la ville de Troyes, le 27 février 1814 ; enfin, il reçut un éclat d'obus devant Provins le 14 mars 1814. Depuis la bataille de Fried-

land (14 juin 1807 jusqu'en 1818), il fut aide de camp du maréchal Oudinot.

Il avait épousé, le 26 mai 1817, Augustine de Reynier de Jarjayes, fille unique de François-Auguste Reynier de Jarjayes, lieutenant général des armées du roi, chevalier de St-Louis, et de Louise-Marguerite-Emilie Guelpée de la Borde. Louis XVIII et la famille royale signèrent son contrat de mariage (1).

De cette union est née, le 18 avril 1818, une fille unique, Marie-Pierrette-Augustine-Mathilde, qui épousa : 1° Le vicomte de La Bonninière de Beaumont, colonel d'état-major, blessé à mort à Solférino, qui, transporté à Vérone, mourut des suites de ses blessures ; 2° le 1er septembre 1860, Frédéric de Parseval, ancien capitaine de cavalerie, mort à Mâcon, le 7 mars 1869.

Pierre-Joseph-Aman-Gilbert de Bourcet mourut à Paris en 1831 ; il était commandeur de la Légion d'honneur.

2. Marie-Augustin-Pierre-Jean-Baptiste, qui suit ;

3. Marie, née à Avignon, épousa en 1823, Anne-Charles-Froment de Champlagarde, consul à Naples, puis à Amsterdam ; elle mourut à Tulle le 6 septembre 1848, laissant deux filles, l'une qui a épousé M. Ponson, l'autre son cousin-germain, M. Froment de Champlagarde, veuves toutes deux sans enfants ;

4. Louise, née au château de Meudon, supérieure des Dames de Saint-Pierre à Grenoble, en 1817, morte à Marseille le 4 novembre 1832, laissant sa

---

(1) *Journal du département de l'Isère* du 3 juin 1817.

fortune mobilière à la supérieure de la congré_ation des religieuses de Saint-Joseph de cette ville.

5. Charlotte-Victoire-Henriette, née au château de Genissieux, près Romans, mariée, en 1810, à Claude-Henri Denantes d'Avignonet, chevalier de St-Louis ; a eu de son mariage un fils unique, Pierre-Henri-Joseph-Marie, sous-lieutenant au 4ᵉ escadron du 1ᵉʳ régiment de chasseurs d'Afrique, qui fut tué le 19 septembre 1842, près de l'Oued-Fodda (Algérie), d'un coup de feu qui lui coupa l'artère crurale.

MARIE-AUGUSTIN-PIERRE-JEAN-BAPTISTE
DE BOURCET.

VIII. — Marie-Augustin-Pierre-Jean-Baptiste, comte de Bourcet, né le 8 septembre 1797, à la Balme, commune de Fontaine, près de Grenoble, fut admis en juillet 1814 dans les gardes du corps de Louis XVIII.

En 1815, il fut nommé lieutenant au 4ᵉ régiment de hussards ; dès l'année 1817, il donna sa démission ; rentré en 1820 aux chasseurs à cheval de la garde royale, il passa rapidement par tous les grades subalternes, puis fut admis de nouveau comme officier garde du corps dans la compagnie de Luxembourg. La Grèce, soulevée, combattait pour conquérir son indépendance ; de Bourcet donna de nouveau sa démission ; il s'embarqua à Marseille, aborda en Morée et se mêla à la lutte, où il fut fait prisonnier et dirigé sur l'Egypte. A la faveur d'un déguisement, il s'évada du vaisseau de transport en se jetant dans une barque gagna l'Algérie et le Caire, traversa le désert et vint s'embarquer dans un port du littoral de la Syrie et arriva à Constantinople. Là, il fut admis au nombre des officiers instructeurs appelés de l'étranger par le sultan Mahmoud, et fut nommé aide de camp du Serasker Pacha Kosrewe, puis en février 1829, il reçut, sous le nom de Crustar-Aga, le commandement des Agas-Mameluks, et ce fut à la tête de cette troupe d'élite qu'il combattit contre l'armée russe. Bientôt après, il rentrait en France et donna en février 1830 sa démission au sultan.

La guerre venait d'être déclarée par la France au Dey d'Alger ; de Bourcet connaissant les différentes langues qui se parlent en Orient, se présenta pour faire partie de l'expédition. Il fut, comme interprète avec rang de capitaine, admis à l'état-major du général en chef de l'expédition d'Afrique. Les campagnes inscrites dans son état de service, au nombre de dix, indiquent qu'il a combattu de 1823 à 1839, en Espagne, en Grèce, en Turquie, en Afrique et en Belgique ; le 8 octobre 1829, devant Schumela (Turquie), il reçut à la tête une blessure grave qui entraîna la perte d'un œil ; le 21 juin 1830, à Sidi-Kalef (Algérie), il eut la cuisse droite traversée d'un coup de feu.

En Belgique, il était aux combats livrés en 1830 à Lierre, Vieux-Dieu, Berchem, Anvers, Ravels et Louvain.

C'est au combat de Berchem que, le 26 octobre 1830, se portant en avant, tout en continuant le feu, il couvrit de son corps le volontaire Frédéric de Mérode, qu'une balle venait de renverser et qui priait qu'on ne le laissât pas au pouvoir de l'ennemi.

De Bourcet se retira en Belgique (1) à Berchem, près d'Anvers, où il épousa Cécile-Eloïse-Joséphine Colignon, de laquelle il ne laissa qu'un fils, né à Tournai le 7 av. 1852, Charles-Joseph-Pierre-Auguste comte de BOURCET, qui est aujourd'hui le seul représentant de cette glorieuse famille.

Le comte de Bourcet était major en retraite depuis plus de vingt ans, lorsqu'il mourut à Berchem, le 8 septembre 1874 (2).

---

(1) Il existe à la Bibliothèque de Grenoble un placet imprimé du comte de Bourcet, ancien officier de l'armée française, par lequel il demande à reprendre du service. *Tournai*, 8 nov. 1850, s. l., in-4°, 1 p.

(2) Voyez *Le Précurseur* d'Anvers, n° 259 du 16 septembre 1874.

LIBRAIRIE XAVIER DREVET

14, RUE LAFAYETTE, 14, GRENOBLE

Louise Drevet. — Isèrette, *Nouvelles et Légendes Dauphinoises.* Grenoble, un beau volume in-16, couverture illustrée en 2 teintes. — 3.50

> L'auteur a retracé dans ce volume la vie de province au XVIIIᵉ siècle à Grenoble et en Dauphiné ; on y retrouve plusieurs personnages bien connus et mis en scène dans les célèbres poésies patoises **Grenoblo malherou** et le **Dialoguo de le quatro Comare.**

Grenoblo Malherou. — La Librairie Xavier Drevet, de Grenoble, dont les *Bibliothèques Historique et Littéraire du Dauphiné* sont si répandues, vient de publier dans cette dernière collection une nouvelle édition de *Grenoblo Malherou* et du *Monologue de Janin.* Ce qu'elle a fait, c'est l'édition pour tous, qui met entre toutes les mains ces petits bijoux de narration patoise, dans lesquelles l'écrivain, sans braver l'honnêteté, a su faire revivre toute une époque et des mœurs aujourd'hui disparues. La faveur qui s'attache aux publications de ce genre est une garantie de celle qui attend cette édition, la seule qui soit, par son format et son prix modique (0,50 cent.), à la portée de tous.

Dialoguo de le quatro Comare et **Bleze.** — Il vient de paraître une édition populaire à 0 fr. 50 centimes de la célèbre pièce patoise, le **Dialoguo de le quatro Comare.** Le succès remporté par la brochure précédente est un garant de celui qu'obtiendra celle-ci, qui contient en outre l'originale comédie **Bleze lou Savati.**

Bobila, 1814 ! par Mme Louise Drevet, tel est le titre de l'ouvrage nouveau qui forme la **46e** publication de la collection des *Nouvelles et Légendes Dauphinoises* (1). C'est la dernière œuvre du romancier dauphinois dont la persévérance à fouiller l'histoire locale et à en rendre les moindres détails attrayants sont bien connus de nos lecteurs.

Bobila ! que de souvenirs ce nom seul rappelle aux vieux Grenoblois, ce *Bobila-la-Terre-Tourne* qui si longtemps partagea sans jalousie sa popularité de fou avec Gondrand, le prince Thomas et Madeleine la Folle !

Cet élégant volume, à couverture spirituellement illustrée, est orné de huit dessins hors texte ; il retrace dans toutes ses horreurs l'invasion autrichienne de 1814 en Dauphiné et nous fait visiter entre autres Barraux, Chapareillan et ce fameux moulin d'Entremont où Bobila joua son rôle, et dont le sinistre *tour de roue* se symbolisait si bien en ses rêves de fou dans les tours de sa *boule du monde.*

Au moment où l'attention du public lettré est attirée sur notre célèbre compatriote Henry Beyle, plus connu sous le pseudonyme de *Stendhal,* on peut dire qu'elles arrivent à leur heure les notes généalogiques que vient de publier dans la *Bibliothèque Historique du Dauphiné,* M. Edmond Maignien.

Dans ses dernières recherches sur **La Famille de Beyle-Stendhal,** le conservateur de la Bibliothèque de Grenoble, notre collaborateur M. E. Maignien, établit la

---

(1) Ouvrage honoré d'une souscription par plusieurs villes de la région. — Prix : 1 fr.

généalogie des Beyle originaires des montagnes de Sassenage et montre une fois de plus que Beyle, renégat de sa ville natale, aura beau se dénommer *Arrigo Beyle, milanese*, il sera toujours pour les Dauphinois le Grenoblois de la place Grenette même.

Maignien Edmond, conservateur de la bibliothèque. — **La Bibliothèque de Grenoble et ses premiers bibliothécaires : Et. Davau, Et. Ducros.** (*Bibliothèque Historique du Dauphiné.*) Grenoble, gr. in-8. — 1,50. — Sur papier Hollande. — 3 fr.

Maignien Edmond, conservateur de la Bibliothèque de Grenoble, correspondant du ministre de l'instruction publique, officier d'Académie. — **Les Artistes grenoblois,** architectes, armuriers, brodeurs, graveurs, musiciens, orfèvres, peintres, sculpteurs, tapissiers, tourneurs, etc. — Notes et documents inédits. Grenoble, 1887, grand in-8º, couv. en 2 couleurs.......... 15 fr.

Polybiblion, revue bibliographique universelle, s'exprime ainsi au sujet de la publication nouvelle de notre collaborateur M. Ed. Maignien, **Evènements arrivés dans le Haut-Dauphiné, de 1515 à 1590.**

« L'histoire intime d'un pays se trouve souvent consignée dans de brefs recueils privés. Dans le Briançonnais et les « vallées cédées » où se trouve la commune d'Oulx et surtout dans le Queyras, quelques hommes instruits ont enregistré les faits courants et certains manuscrits connus sous le nom de « transitons » dont il convient d'ailleurs de vérifier les données. La plaquette publiée par M. Ed. Maignien : *Evénements arrivés dans le Haut-Dauphiné de 1515 à 1590. Mémoires de Laurent Gally, notaire d'Oulx* (Grenoble, Xavier Drevet, in-12), qui rentre dans cette catégorie, fournit quelques détails sur la bataille de Cerisolles, les guerres de Lesdiguières dans les Hautes-Alpes, etc. »

Pilot de Thorey (J.-J.-A.), archiviste de l'Isère. — **Marie Vignon**, seconde femme du connétable de **Lesdiguières**, précédé d'une Etude par Mme Louise Drevet. (*Bibliothèque Historique du Dauphiné.*) Grenoble, 1887, in-8°, 1 fr. 50. — (Il a été tiré 10 ex. sur pap. Hollande.)

Pilot de Thorey (J.-J.-A.). — **Les Maisons fortes du Dauphiné.** *2e série.* Bâties, Châteaux et Maisons du Haut et du Bas Graisivaudan. (*Bibliothèque Historique du Dauphiné.*) Grenoble, in-8°, 1 fr. 50. — (Il a été tiré 10 ex. sur pap. Hollande.)

Pilot de Thorey (J.-J.-A.). — **Ancien Mandement de Pariset** (près Grenoble). *Histoire et description de Seyssins, Seyssinet, Montrigaud, Saint-Nizier et la Tour-sans-Venin.* (*Bibliothèque Historique du Dauphiné.*) Grenoble. in-8°, 2 fr. — (Tiré à petit nombre: il a été imprimé 10 ex. sur pap. vergé Hollande ; 10 sur vergé rose et 10 sur vergé vert.)

Revon Michel, avocat. — **L'Université de Grenoble** (*Bibliothèque Historique du Dauphiné*). Grenoble, mars 1889, in-16. 0 fr. 75.

Les Lectures de la Veillée dans les Ecoles et les Familles, tel est le titre d'un intéressant ouvrage de M. Louis Caïre, le sympathique inspecteur primaire de La Mure, dont une troisième édition (1) vient de paraître. Ce volume a été très bien accueilli par le personnel de l'enseignement comme par les familles et en quelque

---

(1) Grenoble, Librairie Xavier Drevet. — Un volume in-12, beau papier, 0,75.

temps des centaines d'exemplaires ont été écoulées ; le nouveau tirage est orné de gravures et d'une couverture illustrée représentant : *La veillée dans une chaumière des montagnes dauphinoises.* Toute la famille, jeunes et vieux, est là réunie le soir, à la veillée, écoutant avec attention la lecture faite à haute voix ; après les rudes travaux de la journée, dans ce modeste intérieur de nos campagnes ; c'est une réelle joie pour tous les assistants de se délasser à l'audition de récits qui, à en juger par l'attitude des personnages, doivent être très intéressants.

Aussi nous sommes sûrs par avance que les *Lectures de la Veillée* continueront à être lues partout avec une faveur de plus en plus croissante.

Excursions dans le Royans, le Vercors et le Diois (Isère et Drôme). St-Jean-en-Royans. — Vallée de Bouvante et montagne d'Ambel.— Léoncel et les gorges d'Omblèze. — Forêt de Lente et cols du Rousset et de Prépeyré. — Le Grand Veymont et Die, tel est le titre d'une intéressante publication que viennent de faire paraître MM. Desbois et Desroches dans la *Bibliothèque du Touriste en Dauphiné* de la *Librairie Xavier Drevet,* rue Lafayette, 14, à Grenoble. — Prix : 1 fr. 50.

Cet élégant volume est orné d'une couverture pittoresquement illustrée où les dauphins. vieil emblème de la petite patrie dauphinoise, encadrent gracieusement un paysage bien reconnaissable : à droite, les classiques Ponts de Claix, à gauche, la montagne abrupte et la dure silhouette de Belledonne ; brochant sur le tout, un touriste intrépide grimpant piolet en main.
Merveilleux est le pays où les auteurs nous guident pas à pas, visitant tour à tour St-Jean-en-Royans, la vallée de Bouvante et la montagne d'Ambel, Léoncel et les gorges d'Omblèze, la majestueuse forêt de Lente si peu connue, les cols du Rousset de Prépeyré. Ce tour

magnifique se termine par une visite à Die et par l'ascension du Grand-Veymont. Tout cela peut se faire en quelques quarts d'heure..., au moins en lisant le livre.

Lory P.-Charles. — Les Grandes Alpes du Dauphiné, étude géologique. *Bibliothèque du Touriste en Dauphiné*. Grenoble, 1889, in-16. — 0,50.

[L'attention du monde savant est depuis longtemps fixée sur les études géologiques consacrées au Dauphiné et, en particulier, sur le remarquable ouvrage intitulé : *Géologie du Dauphiné*, de M. Charles Lory, doyen de la Faculté des Sciences de Grenoble.

M. P.-Charles Lory, fils de l'auteur de la *Géologie*, promet d'être le digne continuateur des traditions scientifiques de son père. Cette conférence, par son sujet, *Les Grandes Alpes du Dauphiné*, rentrait absolument dans le cadre scientifique si largement tracé par le doyen de notre Faculté. Aussi, cette étude a-t-elle été un succès pour le jeune conférencier. La *Librairie de l'Académie* Xavier DREVET, 14, rue Lafayette, à Grenoble, a eu l'heureuse idée de la publier dans sa *Bibliothèque du Touriste en Dauphiné* en une élégante brochure. Le grand public, qui n'a pas été admis à entendre M. P.-Charles Lory, profitera ainsi du fruit d'un travail qui, nous l'espérons, sera utile au pays.]

Ravaud. — Guide du Botaniste en Dauphiné. 11e excursion : *Isère et Hautes-Alpes*, Champ, Vizille, Lacs de Laffrey, La Motte-les-Bains, La Mure, Le Seneppe, La Salette. — Environs de Gap. — Grenoble, 1889, in-16. — 0.90.